¡Imagínalo! | Aprendizaje visual de destrezas

Propósito del autor

Causa y efecto

Comparar y contrastar

Secuencia

I•1

Propósito del autor

Informar

Entretener

I•2

Causa y efecto

Causa

Efecto

Comparar y contrastar

I•4

Secuencia

¡Imagínalo!

Aprendizaje visual de estrategias

Conocimientos previos

Ideas importantes

Inferir

Verificar y aclarar

Hacer predicciones y
establecer propósitos

Preguntar

Estructura del cuento

Resumir

Estructura del texto

Visualizar

Conocimientos previos

¡Pensemos en la lectura!

- ¿Qué es lo que ya sé?
- ¿Qué me recuerda esto?

Ideas importantes

Inferir

¡Pensemos en la lectura!

- ¿Qué es lo que ya sé?
- ¿Cómo me ayuda esto a entender lo que sucedió?

Verificar y aclarar

Hacer predicciones y establecer propósitos

Trenes

¡Pensemos en la lectura!

- ¿Qué es lo que ya sé?
- ¿Qué creo que va a suceder?
- ¿Cuál es el propósito de mi lectura?

Preguntar

¡Pensemos en la lectura!

- ¿Qué preguntas tengo de lo que estoy leyendo?

Estructura del cuento

Principio

Medio

Final

¡Pensemos en la lectura!

- ¿Qué sucede al principio?
- ¿Qué sucede en el medio?
- ¿Qué sucede al final?

I•14

El perro tumbó la mesa.

¡Pensemos en la lectura!

- ¿Qué sucede en el cuento?
- ¿De qué trata el cuento?

Estructura del texto

¡Pensemos en la lectura!

- ¿Cómo está organizado el cuento?
- ¿Hay partes que se repiten?

Visualizar

¡Pensemos en la lectura!

- ¿Qué imágenes veo en mi mente?

Autores del programa

Peter Afflerbach	P. David Pearson
Camille Blachowicz	Sam Sebesta
Candy Dawson Boyd	Deborah Simmons
Elena Izquierdo	Alfred Tatum
Connie Juel	Sharon Vaughn
Edward Kame'enui	Susan Watts Taffe
Donald Leu	Karen Kring Wixson
Jeanne R. Paratore	

Autores del programa en español

Kathy C. Escamilla	Mary Esther Huerta
Antonio Fierro	Elena Izquierdo

Glenview, Illinois • Boston, Massachusetts • Chandler, Arizona
Upper Saddle River, New Jersey

Dedicamos Calle de la Lectura a

Peter Jovanovich.

Su sabiduría, valentía
y pasión por la educación
son una inspiración para todos.

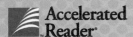

Acerca del ilustrador de la cubierta
Daniel Moretón vive en Nueva York, donde crea ilustraciones para libros con su computadora. Cuando no está trabajando, le gusta cocinar, ver películas y viajar. Durante un viaje a México, el Sr. Moretón se inspiró en los colores que vio a su alrededor. Ahora emplea esos colores en su arte.

Acknowledgments appear on page 218, which constitute an extension of this copyright page.
Copyright © 2011 by Pearson Education, Inc., or its affiliates. All Rights Reserved. Printed in the United States of America. This publication is protected by copyright, and permission should be obtained from the publisher prior to any prohibited reproduction, storage in a retrieval system, or transmission in any form or by any means, electronic, mechanical, photocopying, recording, or likewise. For information regarding permissions, write to Pearson Curriculum Group Rights & Permissions, One Lake Street, Upper Saddle River, New Jersey 07458.

Pearson, Scott Foresman, and Pearson Scott Foresman are trademarks, in the U.S. and/or other countries, of Pearson Education, Inc., or its affiliates.

ISBN-13: 978-0-328-48433-1
ISBN-10:   0-328-48433-4
7 8 9 10 11 V057 16 15 14 13 12
CC2

Querido lector:

¿Estás disfrutando el viaje por la *Calle de la Lectura de Scott Foresman*? ¿Qué destrezas has aprendido para leer y entender cosas nuevas? ¿Qué estrategias te han hecho más fácil "el camino" durante la lectura?

A medida que sigas por la *Calle de la Lectura,* vas a leer sobre las personas en la comunidad, en la casa, en la escuela y en el vecindario. También vas a leer sobre comunidades en la naturaleza. Así que, ¡ajústate el cinturón y disfruta el viaje!

Cordialmente,
los autores

Comunidades

¿Qué es una comunidad?

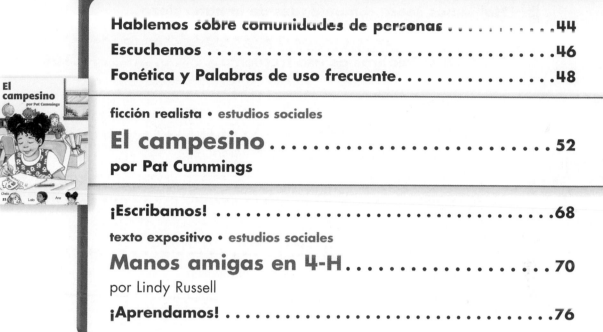

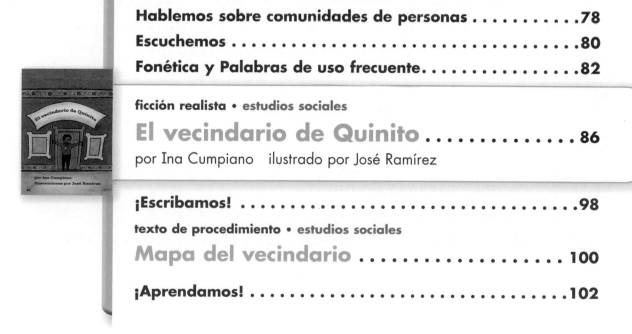

Unidad 2 Contenido

Semana 6

¡Imagínalo! Manual de comprensión de lectura

¡Imagínalo! Aprendizaje visual
de destrezas I•1–I•6

¡Imagínalo! Aprendizaje visual
de estrategias I•7–I•18

Don Leu
El experto en Internet

La naturaleza de la lectura y la escritura está cambiando. La Internet y otras tecnologías crean nuevas posibilidades, nuevas soluciones y nuevas maneras de leer y escribir. Por eso necesitamos nuevas destrezas de comprensión de lectura para trabajar en línea. Estas destrezas son cada vez más importantes para nuestros estudiantes y para nuestra sociedad.

El equipo de Calle de la Lectura te va a ayudar en este nuevo camino tan interesante.

¡Míralo!

- Video de la Pregunta principal

- Video de Hablar del concepto

- Animaciones de ¡Imagínalo!

chile

ch

- Libritos electrónicos

- Tarjetas interactivas de sonidos y grafías

¡Escúchalo!

- Animaciones de *Cantemos juntos*

- Selecciones electrónicas

- GramatiRitmos

- Actividades de vocabulario

pronombres

yo, tú, él, ella, nosotros, ellos

Video de Hablar del concepto

File   Edit   View   Favorites   Tools   Help

http://www.CalledelaLectura.com

¡Hazlo!

- Diario de palabras

- Ordenacuentos

- Fichas electrónicas de letras

- Evaluación en línea

- Actividades de vocabulario

o ñ a m s

Comunidades

PREGUNTA PRINCIPAL

¿Qué es una comunidad?

Vocabulario oral

Hablemos sobre

Las personas en las comunidades

Leamos juntos

● Comenta tus ideas sobre las familias como comunidades.

● Participa en una conversación sobre lo que los miembros de una familia hacen juntos.

CALLE DE LA LECTURA EN LÍNEA
VIDEO DE HABLAR DEL CONCEPTO
www.CalledelaLectura.com

13

Objetivos
• Identificar sílabas en palabras habladas. • Dividir palabras en sílabas.

Conciencia fonológica

Escuchemos

Leamos juntos

Sílabas

● Busca al buzo en la ilustración. Di: "buzo". ¿Con qué sílaba empieza *buzo*? Busca cinco cosas que empiecen con /b/, como *buzo*. Di en voz alta las sílabas de cada palabra.

● Busca tres cosas que empiecen con /r/, como *rosa*. Di en voz alta las sílabas de cada palabra.

● Busca un grupo de tres cosas que empiecen con la misma sílaba, como *pato, palo, pata*. Di en voz alta las sílabas de cada palabra.

● Busca la bandera en la ilustración. Di: "bandera". Da una palmada por cada sílaba que escuches.

15

Objetivos

• Decodificar sílabas. • Decodificar palabras que incluyan sílabas abiertas. • Decodificar palabras por separado, incluyendo sílabas abiertas. • Comprender el vocabulario nuevo y utilizarlo correctamente al leer y al escribir.

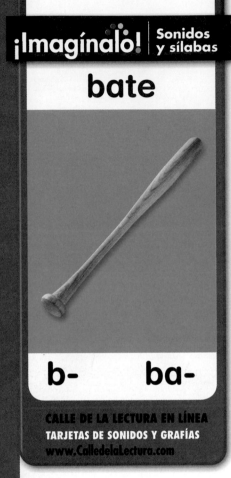

¡**Imagínalo!** Sonidos y sílabas

bate

b-   ba-

CALLE DE LA LECTURA EN LÍNEA
TARJETAS DE SONIDOS Y GRAFÍAS
www.CalledelaLectura.com

Fonética

🔊 Sílabas con *b*

Sonidos y sílabas que puedo combinar

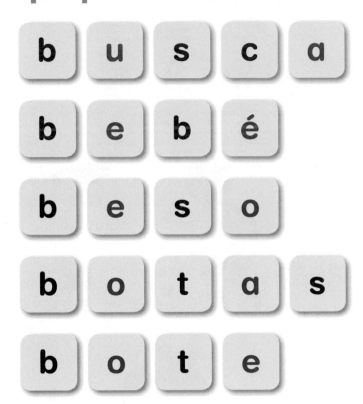

b u s c a

b e b é

b e s o

b o t a s

b o t e

Oraciones que puedo leer

1. Busca al bebé y dale un beso.

2. Abi pone las botas en el bote.

Palabras que puedo leer

quiere

ver

luego

tarde

puede

bien

Oraciones que puedo leer

1. Beto quiere ver la película del burro luego.

2. Más tarde, la puede ver bien.

Objetivos

• Decodificar sílabas. • Decodificar palabras que incluyan sílabas abiertas. • Familiarizarse con palabras con /r/ fuerte. • Comprender el vocabulario nuevo y utilizarlo correctamente al leer y al escribir. • Emparejar sonidos con sílabas, incluyendo consonantes fuertes. • Decodificar palabras que incluyan sílabas abiertas. • Familiarizarse con palabras que tienen el mismo sonido representado por diferentes letras.

¡Imagínalo! | Sonidos y sílabas

robot

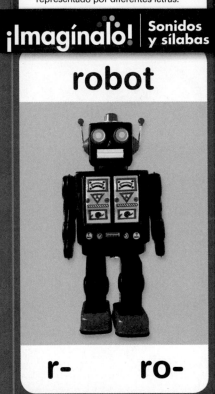

r-   ro-

CALLE DE LA LECTURA EN LÍNEA
TARJETAS DE SONIDOS Y GRAFÍAS
www.CalledelaLectura.com

Fonética

🎯 Sílabas con *r*

Sonidos y sílabas que puedo combinar

Oraciones que puedo leer

1. El rabo del ratón me da risa.

2. La ropa está rota.

¡Ya puedo leer!

Esta tarde mi amigo Bebo y yo vamos a ir a una comida en casa de mi tío. Mami quiere que comamos una sopa de res bien rica. Después, tomaremos batido de banana. Luego papi nos puede cantar una rima. ¡Me gusta ver contenta a mi familia!

Has aprendido

- Sílabas con *b*
- Sílabas con *r*

Palabras de uso frecuente

tarde   quiere   bien
luego   puede   ver

Género

Un **cuento fantástico con animales** es una historia inventada con animales que actúan como personas. Ahora vas a leer un cuento sobre Max y Ruby, unos conejitos que se van de pesca.

Leamos juntos

Max y Ruby

Un pescado para Max

escrito y diseñado por

Rosemary Wells

ilustrado por

Jody Wheeler

Pregunta de la semana

¿Qué cosas se hacen en familia?

—¿Comeremos pescado, Nana?
—dice Max.
—Tenemos que ir a pescarlo
—dice Nana.

—Vamos de pesca al lago —dice Ruby—.
Todo está listo.

—¡Muy bien! —dice Max—.
Vamos de pesca.

Todos caminan al lago.

—Max puede pescar aquí

—dice Ruby.

Max se pone a pescar.

Pesca un balón rojo con su red.

Pero no pesca ni un pez.

Luego pesca un bote azul.

Pero no pesca ni un pez.

Más tarde, Max pesca una almeja
con su red.

Ruby llama a los peces.

Quiere ver si los peces salen del fondo.

Pero no sale ni un pez.

—Tengo una idea —dice Nana—.
Vamos al mercado a ver a Benito.

En una caja, Benito tiene muchos
pescados.

—Buscamos un pescado grande
—dice Nana.

En casa, Nana cocina el pescado.

Ruby le pone sal.

—¡Qué pescado tan rico! —dice Max.

¡Imagínalo! | **Volver a contar**

CALLE DE LA LECTURA EN LÍNEA
ORDENACUENTOS
www.CalledelaLectura.com

34

Piensa críticamente

Leamos juntos

1. Max, Ruby y Nana se estiman. ¿Cómo muestras tú que estimas a los demás? **El texto y tú**

2. ¿Este cuento era gracioso o serio? ¿Por qué piensas así? **Propósito del autor**

3. ¿Qué es lo primero que Max atrapa en su red? Actúa o dramatiza los sucesos del cuento en orden lógico. Explica tu respuesta. **Secuencia**

4. ¿Predijiste cómo atraparía Max un pez grande? ¿Fue correcta tu predicción?

Predecir y establecer propósitos

5. Mira de nuevo y escribe Vuelve a mirar las páginas 30 y 31. ¿Dónde atrapa Max un pez grande? Vuelve a contar el orden de los sucesos haciendo alusión a las palabras del texto.

PRÁCTICA PARA EL EXAMEN Respuesta desarrollada

Rosemary Wells

La Sra. Wells dice: "Algunos de los mejores recuerdos de mi infancia son de cuando iba de pesca con mi padre. Pescábamos pargos, que mi madre cocinaba esa misma noche con perejil y mantequilla. Hoy en día, el pescado aún es uno de mis platillos preferidos."

Busca más cuentos sobre las comunidades.

Usa el Registro de lecturas del *Cuaderno de lectores y escritores*, para anotar tus lecturas independientes.

Leamos juntos

¡Escribamos!

Aspectos principales de una carta amistosa

- Empieza con un saludo y termina con una despedida.
- Casi siempre dice lo que siente el autor.

CALLE DE LA LECTURA EN LÍNEA
GramatiRitmos
www.CalledelaLectura.com

Escritura persuasiva

Carta amistosa

Puedes escribir una **carta amistosa** a alguien que conoces bien. Le puedes decir a esa persona cosas sobre ti. El modelo del estudiante de la página siguiente es un ejemplo de una carta amistosa.

Instrucciones Piensa en lo que haces con tu familia. Escribe una carta para convencer a un familiar tuyo de que haga algo contigo.

Lista del escritor

Recuerda que debes...

☑ empezar tu carta con un saludo amistoso.

☑ convencer a esa persona para que haga algo contigo.

☑ ordenar tus oraciones para que se entiendan.

Querida mamá:

¿Caminamos?

Podemos mirar las matas y los animales.

Podemos mirar las **nubes**.

Será muy bonito.

Tu hijo,

Pepito

**Género:
Carta
amistosa**
La carta empieza con **Querida mamá.**

La palabra **nubes** es el **nombre** de una cosa.

Característica de la escritura: Organización
Las oraciones están en orden para que se entiendan.

Normas

Sustantivos comunes

Recuerda Los **sustantivos comunes** son palabras para las personas, los animales, los lugares y las cosas.

La palabra **mamá** nombra a una persona.

Casa nombra un lugar. **Mono** nombra un animal. **Cuna** nombra una cosa.

Objetivos

• Averiguar si un cuento es verdadero o inventado y explicar por qué.

Género
No ficción literaria

Leamos juntos

- La no ficción literaria es un texto narrativo que nos habla de personas, lugares y sucesos reales. Se cuenta como si fuera un cuento.

- La no ficción literaria puede ser una biografía, es decir, una historia sobre la vida de alguien.

- La no ficción literaria puede ser una autobiografía, es decir, la historia de la vida de alguien, escrita por esa persona.

- Mientras lees *En casa* recuerda lo que sabes sobre la no ficción literaria.

En casa

Esta rosa usa agua.
Esta hoja usa el sol.
Yo quiero ayudar.

Papá pone macetas en el estante.

Pensemos...

Esta selección, ¿te parece verdadera o fantástica? Di por qué.
No ficción literaria

Mamá ayuda con el pasto.

40

Susi y Kiko juegan.
¡Qué bien lo pasamos!

Pensemos...

¿Por qué decimos que esta selección es un texto de no ficción literaria? **No ficción literaria**

Pensemos...

Relacionar lecturas ¿En qué se parece la familia de *Max y Ruby: Un pescado para Max* a la familia de *En casa*?

Escribir variedad de textos Escribe oraciones que digan lo que les gusta hacer a la familia de *Max y Ruby: Un pescado para Max* y a la familia de *En casa*.

Leamos juntos

¡Aprendamos!

Uno de los mejores días de mi vida fue cuando gané la gran carrera. Primero, me paré en la línea de partida. Después, el entrenador dijo: "¡Fuera!" Corrí muy rápido. Y por último, ¡gané!

Escuchar y hablar

Prepárate para el segundo grado

Usa palabras como *primero, después* y *por último* cuando hables.

Relatar una experiencia en secuencia

Cuando contamos algo que nos pasó, usamos palabras como *primero, después* y *por último*. Al escuchar a los demás, preguntamos si no entendemos algo.

¡Practícalo! Piensa en algo que te haya pasado. Cuenta lo que pasó primero, después y por último. Expresa concordancia entre los sustantivos y los artículos.

42

Vocabulario

Un **sustantivo** se usa para una persona, animal, lugar o cosa. Podemos identificar y agrupar sustantivos que se refieren a personas, animales, lugares o cosas.

¡Practícalo! Lee estos sustantivos. Identifícalos y agrúpalos en las categorías de personas, animales, lugares o cosas.

pez   pelota   tienda   niño

Fluidez

Precisión y ritmo Cuando leas, trata de no cometer errores. Lee las oraciones como si estuvieras hablando.

¡Practícalo!

1. El bebé quiere ver bien a su mamá.

2. El ratón come bananos y luego busca más.

3. Beto puede ir por la tarde.

Objetivos

• Escuchar atentamente a los hablantes y hacer preguntas para comprender mejor el tema. • Comentar información e ideas sobre un tema. Hablar a un ritmo normal.

Vocabulario oral

Hablemos sobre

Las personas en las comunidades

Leamos juntos

- Comenta tus ideas sobre las escuelas como comunidades.

- Comenta tus ideas sobre una comunidad del salón de clase.

CALLE DE LA LECTURA EN LÍNEA
VIDEO DE HABLAR DEL CONCEPTO
www.CalledelaLectura.com

Objetivos

• Decir un grupo de palabras que riman usando terminaciones diferentes. • Identificar sílabas en palabras habladas.

Conciencia fonológica

Escuchemos

Sílabas

Leamos juntos

- Busca el niño que lleva un disfraz de gallo. Di: "gallo". ¿Qué sílaba escuchas al comienzo? Busca otra cosa que empiece con la misma sílaba.

- Busca dos cosas que empiecen con /go/ o con /gu/.

- Busca el señor que lleva un chaleco. Di: "chaleco". ¿Qué sílaba escuchas al comienzo? Busca tres cosas que empiecen con /ch/, como *chaleco*.

- Busca el pollito. Busca una cosa que rime con *pollito*.

- ¿Ves la niña con una sombrillita? Busca una cosa que rime con *sombrillita*.

CALLE DE LA LECTURA EN LÍNEA
TARJETAS DE SONIDOS Y GRAFÍAS
www.CalledelaLectura.com

47

¡Imagínalo! Sonidos y sílabas

gorila

g- **go-**

CALLE DE LA LECTURA EN LÍNEA
TARJETAS DE SONIDOS Y GRAFÍAS
www.CalledelaLectura.com

Fonética

Sílabas *ga, go, gu*

Sonidos y sílabas que puedo combinar

g a t o

g o l o s o

g u s t a

g a n a

g o l

Oraciones que puedo leer

1. A mi gato goloso le gusta comer.

2. Galo gana con un gol.

Palabras que puedo leer

voy

jugar

ser

tú

papel

detrás

lugar

Oraciones que puedo leer

1. Voy a jugar con Gaby a ser médico.

2. ¿Pusiste tú el papel detrás de ese lugar?

¡Imagínalo! Sonidos y sílabas

chile

ch-   chi-

CALLE DE LA LECTURA EN LÍNEA
TARJETAS DE SONIDOS Y GRAFÍAS
www.CalledelaLectura.com

Fonética

Dígrafo *ch*

Sonidos y sílabas que puedo combinar

ch u p e t e

ch i s t e

ch i c o

ch u l e t a

r a n ch o

Oraciones que puedo leer

1. ¿Te gustó el chiste?

2. El chico del rancho no come chuletas.

¡Ya puedo leer!

En agosto vamos a un campamento que haremos detrás de la escuela. Tú y yo podemos jugar con barcos de papel en el lago.

Me gusta mucho ese lugar. Allí también hay un rancho con canchas de tenis.

Voy con Olga, una chica de Chicago, amiga de mi mamá. ¡Va a ser muy bonito!

Has aprendido

🔄 Sílabas con *ga, go, gu*
🔄 Sílabas con *ch*

Palabras de uso frecuente
detrás tú jugar papel
lugar voy ser

El campesino

por Pat Cummings

Chela

52

Lalo

Ana

Género La **ficción realista** tiene personajes que actúan como gente de la vida real. Ahora vas a leer un cuento sobre unos niños que montan una obra de teatro.

Pregunta de la semana

¿Por qué una escuela se considera una comunidad?

Pepe

Lucas

Mónica

53

—¡Ya sé! Yo seré el campesino del acto —dice Chela.

—No, Chela, yo voy a
ser el campesino —dice Lalo.

—Tú puedes ser algo más —dice Chela.

Ana dice cómo deben ayudar.
—Haremos máscaras de papel.
Patos, gallinas y un chancho.

—Yo voy a ser el campesino, en lugar de Chela —dice Pepe.

—¡Me toca a mí! —dice Lalo.

—¡No más! —dice Ana—. Vamos
a hacer las máscaras.

La finca
★ Gallinas = Chela y Ana
★ Chancho = Lalo
★ Pato = Pepe
★ Campesino = ?

Pepe dibuja un pato.
Chela dibuja unas gallinas.

Lalo hace una máscara de chancho.

—¡Qué chancho tan chistoso! —dice Ana.

—¡Voy a tardar mucho para pintar
esta máscara! —dice Lucas.

Mónica hizo una máscara de color chocolate.

—¡Ese gerbo está muy gordo!
—dice Lucas.

—¡Vamos a jugar! —dice Ana.

—¡Oinc! —dice Lalo, detrás de su máscara de chancho.

—¡Clo, clo! —dice Ana.

—¡Cuac, cuac! —dice Pepe,
con su máscara de pato.
—¡Clo, clo, clo! —dice Chela,
con su máscara de gallina.
—¡Miren al gato! —dice Ana—.
¡Él va a ser el campesino!

La finc
Acto

¡Imagínalo! | Volver a contar

CALLE DE LA LECTURA EN LÍNEA
ORDENACUENTOS
www.CalledelaLectura.com

66

Piensa críticamente

1. ¿Qué personaje de la obra te gustaría ser? El texto y tú

2. ¿Por qué crees que la autora esperó hasta el final para mostrar al gato? Piensa como un autor

3. ¿Por qué los niños se olvidaron del gorro? Causa y efecto

4. Vuelve a mirar la página 63. ¿Qué pistas podrías usar del dibujo o de las palabras para averiguar qué es un gerbo? Verificar y aclarar

5. Mira de nuevo y escribe Vuelve a mirar las páginas 64 y 65. Investiga qué otros animales viven en una granja. Con la ayuda de tu maestro, crea una dramatización y usa estos animales como personajes. Represéntala con tus compañeros.

PRÁCTICA PARA EL EXAMEN Respuesta desarrollada

Pat Cummings

Pat Cummings interpretó una vez a un conejo en una obra escolar, y su hermana interpretó a un saltamontes. La Sra. Cummings hizo que el gato fuera el campesino del cuento, porque "a los gatos les gusta ser el centro de atención".

A la Sra. Cummings le encanta escribir libros para niños. "Lo mejor de todo es que puedo explorar cualquier tema", dice.

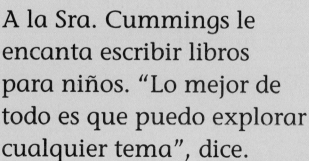

Busca más cuentos sobre comunidades.

Registro de lecturas

Usa el Registro de lecturas del *Cuaderno de lectores y escritores*, para anotar tus lecturas independientes.

67

Objetivos

• Escribir ensayos cortos de no ficción sobre temas que le gusten. • Comprender y usar los sustantivos al leer, escribir y hablar. • Usar las mayúsculas en los nombres de las personas.

Leamos juntos

¡Escribamos!

Aspectos principales de una composición breve

- Cuenta cosas interesantes.
- Habla de un tema.

CALLE DE LA LECTURA EN LÍNEA
GramatiRitmos
www.CalledelaLectura.com

Escritura expositiva

Composición breve

Una **composición breve** trata sobre personas y cosas reales. El modelo del estudiante de la página siguiente es un ejemplo de una composición breve.

Instrucciones Piensa en cómo los niños hacen cosas juntos en la escuela. Ahora escribe sobre algo que los niños de tu escuela hacen juntos.

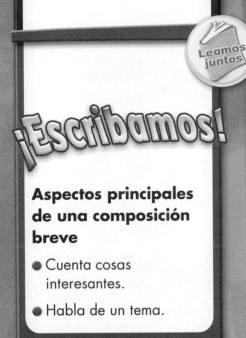

Lista del escritor

Recuerda que debes...

☑ escribir algo real que los niños hacen juntos en tu escuela.

☑ escribir oraciones completas.

☑ empezar con mayúscula los sustantivos propios, como los nombres de personas.

Todos los lunes ponemos en orden el salón de música.

Ponemos las cosas en los estantes.

Manolo le pone agua a las matas. Lola acomoda las mesas.

Lo ponemos todo bonito.

Característica de la escritura: Oraciones
Esta composición tiene **oraciones** completas.

El nombre *Manolo* es un ejemplo de **sustantivo propio**.

Género: Composición
Esta **composición breve** habla de personas reales.

Normas

● **Sustantivos propios**

Recuerda Los nombres que se les dan a las

● personas, los lugares, los animales y las cosas se llaman **sustantivos propios.** Empiezan con letra mayúscula.

● **B**eto toma el oso de **T**ita.

Objetivos

• Decir la idea principal en sus propias palabras de lo que escuchó o leyó. • Averiguar los hechos o detalles importantes en un artículo que escuchó o leyó.

Estudios Sociales en Lectura

Género
Texto expositivo

Leamos juntos

- Un texto expositivo da información que habla de personas, animales, lugares o sucesos reales.

- Un texto expositivo tiene una idea principal. La idea principal es la idea más importante de la selección. Los hechos o detalles hablan más sobre la idea principal.

- Un texto expositivo casi siempre tiene fotografías que ayudan a explicar las palabras.

- Mientras lees *Manos amigas en 4-H*, piensa en lo que sabes sobre un texto expositivo.

Manos amigas en 4-H
por Lindy Russell

¿Cómo sabemos qué pasa en una finca? ¡Lo vemos en 4-H!

¿Cómo son los niños de 4-H? Tienen de 8 a 18 años y les gustan los animales.

70

Una niña de 4-H les da comida
a los chanchos.

Pensemos...

¿Qué hechos o detalles aprendes en estas dos páginas? **Texto expositivo**

Estos niños recogen los huevos
de las gallinas.

Pensemos...

¿Cómo te ayuda
la fotografía a
comprender las
palabras de esta
página? **Texto
expositivo**

Los niños de 4-H tienen una venta. Ponen un aviso. Ellos venden huevos, galletas y pasteles.

Pensemos...

¿Qué detalles te da la fotografía que no te dan las palabras? **Texto expositivo**

73

La venta sale bien.
Los niños usan el dinero
para comprar pollitos.

Pensemos...

¿Cuál es la idea
principal de esta
selección? **Texto
expositivo**

Más adelante, los pollitos
se volverán gallinas.
Así los niños venderán
muchos huevos.

Pensemos...

¿Qué hechos o detalles hablan más de la idea principal? ¿Qué preguntas les harías a los niños de 4-H? **Texto expositivo**

Pensemos...

Relacionar lecturas En El campesino y Manos amigas en 4-H, grupos de niños trabajan juntos. ¿Qué trata de hacer cada grupo? ¿Por qué?

Escribir variedad de textos Los niños de los dos grupos trabajan bien juntos. ¿Por qué es importante eso? Escribe tus ideas.

Objetivos

• Leer y comprender textos al nivel del grado. • Comprender y usar los sustantivos al leer, escribir y hablar. • Usar la parte de la oración que muestra un cambio en el tiempo y el orden al leer, escribir y hablar. • Comentar información e ideas sobre un tema. Hablar a un ritmo normal.

Reglas de la clase
• Nos turnamos.
• Levantamos la mano antes de hablar.
• Mantenemos los pupitres limpios.

Leamos juntos

CALLE DE LA LECTURA EN LÍNEA
ACTIVIDADES DE VOCABULARIO
www.CalledelaLectura.com

Escuchar y hablar

Contesta las preguntas de los que escuchan.

Comparte información e ideas Cuando compartimos información e ideas, hablamos claro. Decimos detalles importantes. Contestamos preguntas si los demás no entienden algo.

¡Practícalo! Piensa en dos reglas de la clase. Diles las reglas a los demás. Habla claro y despacio, usando nombres de personas y las normas del lenguaje.

Vocabulario

Para decir cuándo pasan las cosas, usamos **palabras de tiempo y orden.**

primero

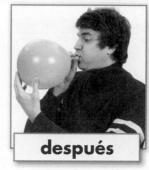
después

por último

¡Practícalo! Lee estas palabras. Escribe oraciones con cada palabra.

ayer   **hoy**   **mañana**

Fluidez

Fraseo apropiado Cuando veas una oración con signos de admiración, usa la voz para mostrar la emoción.

¡Practícalo!

1. ¡Voy a jugar con ese papel!

2. Tú ve delante, yo voy detrás.

3. ¡Va a ser la más linda del lugar!

Objetivos
• Escuchar atentamente a los hablantes y hacer preguntas para comprender mejor el tema. • Comentar información e ideas sobre un tema. Hablar a un ritmo normal.

Hablemos sobre

Las personas en las comunidades

Leamos juntos

- Comenta tus ideas sobre las personas en nuestra comunidad.

- Habla sobre las personas que trabajan para mejorar y hacer más bonita nuestra comunidad.

- Comenta la información sobre los trabajos que tienen las personas en nuestra comunidad.

CALLE DE LA LECTURA EN LÍNEA
VIDEO DE HABLAR DEL CONCEPTO
www.CalledelaLectura.com

¡Has aprendido 1 0 9 palabras asombrosas este año!

Objetivos

• Conocer cómo cambia el sonido de una palabra al cambiar la forma de escribirla. • Identificar sílabas en palabras habladas.

Conciencia fonológica

Escuchemos

Sílabas

Leamos juntos

● ¿Ves el plato que se quebró? Di: "quebró". ¿Con qué sílaba empieza *quebró*? Busca otras cosas que empiecen con la misma sílaba.

● Escucha esta palabra: *aquí*. ¿Qué sílaba escuchas al final de *aquí*? Busca algo en la ilustración que tenga la sílaba /qui/.

● Busca la olla llena de ñames. Di: "ñame". ¿Qué sílaba escuchas al comienzo de *ñame*? Busca más cosas que tengan el sonido /ñ/.

● Busca la niña que tiene un moño. Cambia la sílaba /ño/ por la sílaba /no/. ¿Qué palabra se forma?

● Escucha estas palabras: *carta, cartero, carpa*. Di en voz alta la sílaba que tienen en común.

CALLE DE LA LECTURA EN LÍNEA
TARJETAS DE SONIDOS Y GRAFÍAS
www.CalledelaLectura.com

¡Imagínalo! Sonidos y sílabas

queso

qu-   que-

CALLE DE LA LECTURA EN LÍNEA
TARJETAS DE SONIDOS Y GRAFÍAS
www.CalledelaLectura.com

Fonética

🔊 Sílabas *que, qui*

Sonidos y sílabas que puedo combinar

Oraciones que puedo leer

1. ¿Quedó pan de queso?

2. Quita el pan que se quemó.

82

Palabras que puedo leer

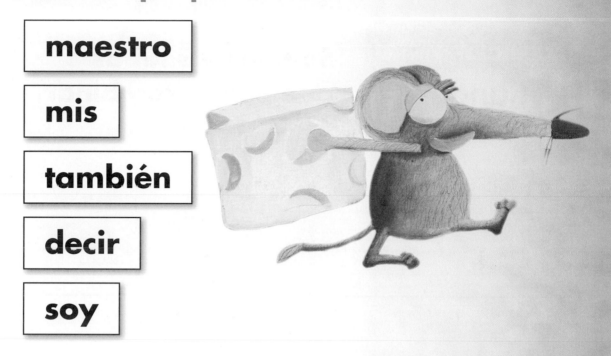

| maestro |
| mis |
| también |
| decir |
| soy |

Oraciones que puedo leer

1. El maestro se quedó con mis bocados también.

2. ¡Voy a decir que soy el quita queso!

Objetivos

• Decodificar sílabas. • Decodificar palabras por separado, incluyendo sílabas abiertas. • Comprender el vocabulario nuevo y utilizarlo correctamente al leer y al escribir.

¡Imagínalo! Sonidos y sílabas

ñandú

ñ-   ñan

CALLE DE LA LECTURA EN LÍNEA
TARJETAS DE SONIDOS Y GRAFÍAS
www.CalledelaLectura.com

Fonética

🔁 Sílabas con ñ

Sonidos y sílabas que puedo combinar

ñ u

b a ñ a

a ñ o

c a ñ a

p i ñ a

Oraciones que puedo leer

1. El ñu se baña en el lago.

2. Este año comimos caña y piña.

¡Ya puedo leer!

¡Me gusta mucho la escuela! Mi maestro de español dijo que soy listo. Él es cariñoso y nos enseña a que no riñamos. Con él regamos las matas y pintamos para que todo esté bonito. Mis amigos también lo quieren mucho. Tengo que decir que aquí somos un equipo.

Has aprendido

- Sílabas *que, qui*
- Sílabas con *ñ*

Palabras de uso frecuente

maestro   soy   mis
también   decir

El vecindario de Quinito

por Ina Cumpiano

ilustraciones por José Ramírez

Leamos juntos

Género

La **ficción realista** tiene personajes que actúan como gente de la vida real. Ahora vas a leer un cuento sobre personas que viven en el mismo vecindario, como tú y tus vecinos.

Pregunta de la semana

¿Quién ayuda a que nuestro vecindario sea un buen lugar para vivir?

Mi mami es carpintera.

Mi papi es enfermero.

Mi abuela maneja un camión bien grande. Mi abuelo es relojero.

A veces mi abuela lleva relojes que no funcionan al taller de mi abuelo.

Mi tía es muralista.

Mi primo Ruperto es dentista.
Le examina los dientes a la gente.

Mis vecinos, Rafi y Luis Manuel,
salen a trabajar muy tempranito.
Rafi hace el pan y Luis Manuel lo vende.

La señora Hernández vende
el pan de Rafi en su bodega.
Y su hija, Sonia Isabel, cuenta dinero
en el banco de la esquina.

Guillermo es cartero. Guillermo
se va a casar con Sonia Isabel.

Doña Estrella es costurera. Le está
cosiendo el traje de boda a Sonia Isabel.

El señor Gómez es el vecino de doña
Estrella. También es mi maestro.
La señora Gómez es la guardia escolar.
Me ayuda a cruzar la calle.

Y yo, también, soy una persona muy ocupada. Le tengo que decir al señor Gómez que mi mami es carpintera y mi papi es enfermero.

¡Imagínalo! | **Volver a contar**

CALLE DE LA LECTURA EN LÍNEA
ORDENACUENTOS
www.CalledelaLectura.com

96

Piensa críticamente

1. Los familiares y los vecinos de Quinito tienen diferentes trabajos. ¿Qué trabajo realizan tus familiares y vecinos? **El texto y el mundo**

2. ¿Qué otros trabajos podría mencionar la autora en este cuento? **Pensar como un autor**

3. ¿Qué crees que la autora de *El vecindario de Quinito* quiere que aprendas con este cuento? **Propósito del autor**

4. ¿Qué aprendiste acerca de los diferentes tipos de trabajo en este cuento? **Ideas importantes**

5. Mira de nuevo y escribe Vuelve a mirar las páginas 92 y 93. ¿Qué verías si entraras a alguno de esos lugares? Escribe sobre eso. Usa detalles del texto.

PRÁCTICA PARA EL EXAMEN Respuesta desarrollada

Ina Cumpiano

Ina Cumpiano vive en California. Escribe poemas y libros para niños y niñas. Tiene diez nietas y dice que su trabajo favorito es ser abuela.

José Ramírez

Los cuadros, esculturas y murales de José Ramírez pueden verse en lugares al aire libre y en museos. Le encanta trabajar con niños.

Busca más cuentos sobre comunidades.

 Usa el Registro de lecturas del *Cuaderno de lectores y escritores*, para anotar tus lecturas independientes.

97

Aspectos principales de una explicación

● Habla de una persona, una idea o una cosa.

● Ayuda a las personas a entender el tema.

CALLE DE LA LECTURA EN LÍNEA
GramatiRitmos
www.CalledelaLectura.com

Escritura expositiva

Explicación

Una **explicación** habla de personas, ideas o cosas reales. Ayuda al lector a entender el tema. El modelo del estudiante de la página siguiente es un ejemplo de explicación.

Instrucciones Piensa en los trabajos de las personas. Ahora piensa en lo que hacen los maestros. Escribe una explicación del trabajo de un maestro.

Lista del escritor

Recuerda que debes...

☑ decir lo que hace un maestro en su trabajo.

☑ usar las mayúsculas y los signos de puntuación correctamente.

☑ usar mayúsculas para los sustantivos propios.

El maestro

Don Quique es **el** maestro de Matemáticas.

Con él sumamos y contamos.

Todos los niños lo quieren mucho.

Característica de la escritura: Normas
Usa letras mayúsculas para los sustantivos propios. Usa un punto al final de las oraciones.

El **artículo** *el* se refiere a la palabra que sigue, *maestro*.

Género: Explicación
El autor explica lo que hace un maestro.

Normas

● Artículos

Recuerda Los **artículos** son palabras que van antes de los sustantivos. Hay varios tipos de artículos y pueden referirse a una o a muchas cosas.

el barco
las montañas
una pelota

Estudios Sociales en Lectura

Género
Texto de procedimiento

Leamos juntos

● Los mapas usan nombres de calles junto con otras cosas, como rótulos, señales y símbolos.

● Los rótulos y los nombres de calles y lugares nos ayudan a saber dónde están y cómo podemos llegar a los lugares.

● La rosa de los vientos es un símbolo que muestra dónde queda el norte, el este, el sur y el oeste. Estas direcciones se abrevian N, E, S y O.

● A medida que leas *Mapa del vecindario* piensa en lo que has aprendido acerca de los nombres, rótulos, señales y símbolos.

Mapa del vecindario

Usa este mapa para ver dónde viven y trabajan las personas de este vecindario.

◆ ¿Dónde venden sellos postales?

◆ ¿Dónde queda el banco donde trabaja Sonia Isabel?

◆ ¿Dónde queda la parada del autobús?

◆ ¿Dónde juega Quinito?

◆ ¿Qué calles debes pasar para ir al parque, si estás en el Correo?

Calle Ocho

Avenida Rosa

Avenida Coronado

BANK

Parque

Calle de los Pinos

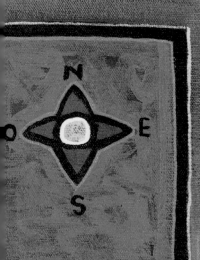

Pensemos...

¿Qué señales ves?
Texto de procedimiento

Pensemos...

¿Qué te dicen las señales y los símbolos?
Texto de procedimiento

Pensemos...

Relacionar lecturas Traza una línea de la ruta que Quinito tomaría para ir de la parada del autobús al correo.

Escribir variedad de textos Usa el mapa. Escribe instrucciones que expliquen la ruta de Quinito.

¡Aprendamos!

**CALLE DE LA LECTURA EN LÍNEA
ACTIVIDADES DE VOCABULARIO**
www.CalledelaLectura.com

¡No olvides que vamos a ir al museo de ciencias el viernes! Salimos a las 9:00 de la mañana. La maestra va a recoger dinero...

Escuchar y hablar

Mira a la persona con quien hablas.

Hacer anuncios Cuando hacemos un anuncio, debemos hablar fuerte para que los demás nos oigan. Miramos a los que nos escuchan. Damos toda la información.

¡Practícalo! Haz un anuncio a la clase sobre una excursión. Habla claro y en oraciones completas. Usa sustantivos propios, como los nombres de los maestros. Usa artículos que concuerden con los sustantivos.

Vocabulario

Las **palabras que indican posición** nos dicen dónde están las cosas y cómo ir de un lugar a otro.

arriba

abajo

Arriba y *abajo* son palabras que indican posición.

¡Practícalo! Escribe instrucciones sobre cómo ir del salón de clases a la biblioteca. Usa palabras que indican posición.

Fluidez

Fraseo apropiado Cuando ves un punto, estás al final de la oración. Para en el punto para mostrar que la oración terminó.

¡Practícalo!

1. El maestro me quitó mi queso.

2. También soy un niño del quinto año.

Objetivos

• Escuchar atentamente a los hablantes y hacer preguntas para comprender mejor el tema. • Comentar información e ideas sobre un tema. Hablar a un ritmo normal.

Vocabulario oral

Hablemos sobre

Comunidades de la naturaleza

Leamos juntos

● Comenta la información sobre las comunidades de la naturaleza.

● Comenta la información sobre los animales y su comportamiento.

● Participa en una conversación sobre lo que las comunidades de animales hacen juntas para sobrevivir.

CALLE DE LA LECTURA EN LÍNEA
VIDEO DE HABLAR DEL CONCEPTO
www.CalledelaLectura.com

104

Objetivos
• Conocer cómo cambia el sonido de una palabra al cambiar la forma de escribirla. • Identificar sílabas en palabras habladas.

Conciencia fonológica

Escuchemos

Sílabas

Leamos juntos

• Busca a la señora que le hace un guiño al niño. Di: "guiño". ¿Qué sílaba escuchas al comienzo de *guiño*? Busca otras palabras que empiecen con /gue/ o /gui/.

• Busca el guerrero que está en el mural. Di: "guerrero". ¿Qué sílaba escuchas en medio de la palabra? Busca otra cosa que tenga la misma sílaba. Busca tres cosas que tengan el sonido fuerte /rr/ en medio de la palabra.

• Busca el cachorro. Di: "cachorro". Quita la sílaba /ca/ al principio. ¿Qué palabra se forma? Busca el chorro en la ilustración.

CALLE DE LA LECTURA EN LÍNEA
TARJETAS DE SONIDOS Y GRAFÍAS
www.CalledelaLectura.com

106

Fonética

Sílabas *gue, gui*

Sonidos y sílabas que puedo combinar

p a g u é

g u i s a d o

g u i n d a

á g u i l a s

s i g u e n

Oraciones que puedo leer

1. Pagué mucho por el guisado y el batido de guinda.

2. Las águilas siguen a los animales pequeños.

108

Palabras que puedo leer

comer

allí

dentro

mueve

gran

Oraciones que puedo leer

1. Miguel va a comer allí, dentro de un minuto.

2. El guepardo se mueve por el gran bosque.

Objetivos

• Decodificar palabras por separado, incluyendo dígrafos. • Decodificar palabras que tengan los mismos sonidos representados por diferentes letras. • Familiarizarse con palabras con /r/ fuerte. • Comprender el vocabulario nuevo y utilizarlo correctamente al leer y al escribir. • Emparejar sonidos con sílabas, incluyendo consonantes fuertes. • Decodificar palabras por separado, incluyendo sílabas abiertas.

¡Imagínalo! Sonidos y sílabas

perro

rr-   -rro

CALLE DE LA LECTURA EN LÍNEA
TARJETAS DE SONIDOS Y GRAFÍAS
www.CalledelaLectura.com

Fonética

🔊 Dígrafo *rr*

Sonidos y sílabas que puedo combinar

p e rr o

g o rr a

d e rr i b ó

t o rr e

b a rr o

Oraciones que puedo leer

Lee las siguientes oraciones.

1. El perro lame la gorra.

2. Se derribó la torre de barro.

El burro Guido y el borrego Tito son buenos amigos.

—¡Sígueme, Guido! ¡Allí hay muchas cosas ricas de comer! —dice Tito.

—Busco guindas —responde Guido y se mueve de lado a lado.

—Te va a doler la barriga —dice Tito.

Guido corre dentro del bosque y come guindas con su gran amigo Tito.

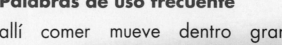

El gran círculo

por Eric Kimmel

ilustrado por Richard Bernal

Los cuentos de **ficción** son inventados. Ahora vas a leer un cuento inventado sobre dinosaurios.

Leamos juntos

Pregunta de la semana

¿Cómo cooperan las comunidades de animales para sobrevivir?

113

El gran T. Rex camina y camina.
Quiere comer, pero no ve
nada rico.

El gran T. Rex quiere comer carne.

Allí va una manada de Triceratops.
Van camino a su casa.

Un triceratops guía
la manada.

El gran T. Rex mira la manada. Ve un cachorro que está solito. Va a ser una rica comida.

El gran T. Rex se para en dos patas.
Arranca y corre loma abajo.
La manada ve que ya está cerca.

Entonces los Triceratops hacen un gran círculo. Los animales pequeños y el cachorro se meten dentro del círculo.

Esto no le gusta al gran T. Rex.
Ahora ya no tiene comida.

122

Pero T. Rex no se da por vencido.
Hará que la manada corra.

La manada no se mueve.
Sigue formando el gran círculo.

Los animales atacan juntos al
T. Rex. Todos ellos lo asustan.

El gran T. Rex corre loma arriba.
Los Triceratops ven que escapa.
Ahora están a salvo.

Van a casa a comer su pasto.
A los Triceratops les gusta
estar juntos.

¡Imagínalo! | Volver a contar

CALLE DE LA LECTURA EN LÍNEA
ORDENACUENTOS
www.CalledelaLectura.com

128

Piensa críticamente

1. ¿Cómo protegen otras especies de animales a sus crías? El texto y el mundo

2. ¿Qué quiere el autor que aprendas de este cuento? Propósito del autor

3. Vuelve a contar los sucesos importantes que ocurrieron al principio, en el medio y al final del cuento. Hazlo en un orden lógico, haciendo alusión a las palabras. Secuencia

4. ¿Por qué la manada de Triceratops formó un gran círculo? Inferir

5. Mira de nuevo y escribe Vuelve a mirar la página 125. Escribe acerca de cómo los animales de esta comunidad se ayudaron entre sí. Usa detalles del cuento.

PRÁCTICA PARA EL EXAMEN Respuesta desarrollada

Eric Kimmel

De niño, Eric Kimmel visitaba el Museo de Historia Natural de Nueva York. "Los esqueletos de los dinosaurios eran mis amigos", dice.

Richard Bernal

Richard Bernal hizo los dibujos para este cuento. "Me encantan los dinosaurios", dice. "Tengo varios dinosaurios de juguete en mi estudio."

Busca más cuentos sobre las comunidades.

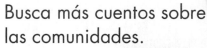
Usa el Registro de lecturas del *Cuaderno de lectores y escritores*, para anotar tus lecturas independientes.

Leamos juntos

¡Escribamos!

Aspectos principales de un poema

● Puede comentar o contar algo que pasó.

● A veces tienen palabras que riman.

CALLE DE LA LECTURA EN LÍNEA
GramatiRitmos
www.CalledelaLectura.com

Escritura narrativa

Poema

Un **poema** es una obra escrita en verso. El escritor escoge las palabras con cuidado. Algunas palabras de los poemas pueden rimar.

Instrucciones Piensa en cómo se protegen los animales. Ahora escribe un poema sobre un animal que se protege de otro.

Lista del escritor

Recuerda que debes...

☑ decir cómo se protege el animal.

☑ contar lo que pasa en orden para que se entienda.

☑ empezar cada oración con letra mayúscula.

☑ leer tu poema en voz alta.

Una **loba** y un lobito

corren con mucho apetito.

Un **ratón** ve lo que pasa

y no sale de su casa.

Los **sustantivos** pueden ser masculinos o femeninos.

Característica de la escritura: Organización Los versos cuentan lo que pasa en un orden que se entiende.

Género: Este **poema** tiene versos que riman para hacerlo más agradable. Lee el poema en voz alta.

Normas

- ## Sustantivos masculinos y femeninos

  Recuerda Los **sustantivos** pueden ser masculinos o femeninos. El artículo que va antes del sustantivo dice si es masculino o femenino.

  un **sapo** (masculino)   la **gata** (femenino)

Ciencias en Lectura

Género
No ficción literaria

- Un texto de no ficción literaria trata de personas, animales, lugares o sucesos reales.

- Un texto de no ficción literaria tiene una idea principal y hechos o detalles que dicen más sobre la idea principal.

- Un texto de no ficción literaria tiene casi siempre algunos elementos de un cuento, como personajes, argumento o ambiente.

- Lee *Juntos estamos a salvo*. ¿Qué aprendiste sobre los textos de no ficción literaria que te ayuda a comprender mejor esta selección?

Juntos estamos a salvo

por Julia Nasser
ilustrado por Chris Boyd

banco de peces

Soy un pez. Mi hogar es un lago. Nado con muchos peces más. Todos hacemos un círculo. La pasamos juntos para estar a salvo.

manada de cebras

Soy una cebra bebé. Mi hogar es una pradera. En esta manada hay cebras muy grandes. Todas podemos correr muy rápido. La pasamos juntas para estar a salvo.

Pensemos...

¿Qué pistas en estas páginas te dicen que esto es un texto de no ficción literaria? **No ficción literaria**

133

bandada de pájaros

Pensemos...

¿Esta selección habla de cosas reales o imaginarias? ¿Cómo lo sabes?
No ficción literaria

Soy un pájaro. Con mi pico busco comida. Paso el día con mi bandada. Volamos muy alto. La pasamos juntos para estar a salvo.

manada de Triceratops

Soy un Triceratops. Viví aquí hace mucho. Mi comida era el pasto y las plantas. Andaba con mi manada. La pasábamos juntos para estar a salvo.

Pensemos...

¿Cuál es la idea principal de esta selección? ¿Qué preguntas le harías al Triceratops?
No ficción literaria

Pensemos...

Relacionar lecturas ¿En qué se parece lo que pasa en *El gran círculo* a lo que pasa en *Juntos estamos a salvo*?

Escribir variedad de textos Localiza hechos sobre los triceratops en el texto de *Juntos estamos a salvo* y en un diccionario. Escribe los hechos que aprendiste sobre los triceratops de *El gran círculo* y de *Juntos estamos a salvo*.

Leamos juntos

CALLE DE LA LECTURA EN LÍNEA
ACTIVIDADES DE VOCABULARIO
www.CalledelaLectura.com

Escuchar y hablar

Prepárate para el segundo grado

Usa buenas destrezas para escuchar y hablar, aun cuando hables con tus amigos.

Conversaciones informales Cuando hablamos con los amigos, ponemos atención a la persona que habla. Hablamos claro cuando nos toca hablar.

¡Practícalo! Conversa con los demás sobre cómo se ayudan las comunidades de animales para sobrevivir. Pon atención al escuchar y hablar.

Vocabulario

Al **agrupar palabras,** las clasificamos en categorías conceptuales, o grupos que tienen algo en común.

tigre

cebra

El *tigre* come carne. La *cebra* come plantas.

¡Practícalo! Lee los nombres de estos animales. Ponlos en dos grupos: los que comen plantas y los que comen carne.

león   caballo   venado   conejo

Fluidez

Precisión y ritmo Cuando leas, trata de no cometer errores. Lee las oraciones como cuando hablas.

¡Practícalo!

1. El maestro amarró al burro allí.

2. El guerrero come un rico guiso.

3. La guinda está dentro del vaso.

Objetivos

• Escuchar atentamente a los hablantes y hacer preguntas para comprender mejor el tema. • Comentar información e ideas sobre un tema. Hablar a un ritmo normal.

Vocabulario oral

Hablemos sobre

Comunidades de la naturaleza

Leamos juntos

- Comenta la información sobre las comunidades de la naturaleza.

- Comenta la información sobre animales y plantas.

- Comenta tus ideas sobre cómo se ayudan entre sí las comunidades de plantas y animales.

CALLE DE LA LECTURA EN LÍNEA
VIDEO DE HABLAR DEL CONCEPTO
www.CalledelaLectura.com

Objetivos
- Combinar sonidos para decir sílabas y palabras. • Distinguir pares de palabras que riman y pares que no riman. • Identificar sílabas en palabras habladas.

Escuchemos

Sílabas

Leamos juntos

- Busca el jabón. Di: "jabón". ¿Qué sílaba escuchas al comienzo de *jabón*? Busca otra cosa que empiece con la misma sílaba. Busca tres cosas más que empiecen con /j/, como en *jabón*.

- Combina /b/ y /a/. ¿Qué sílaba forman? Encuentra tres cosas que empiecen con esa sílaba. Busca tres cosas que empiecen con el sonido /b/.

- Combina estos sonidos: /b/, /a/, /s/, /o/. ¿Qué palabra se forma? Encuentra esta palabra en la ilustración.

- ¿Qué par de palabras riman: *jugo/vaca; vaso/paso*?

CALLE DE LA LECTURA EN LÍNEA
TARJETAS DE SONIDOS Y GRAFÍAS
www.CalledelaLectura.com

140

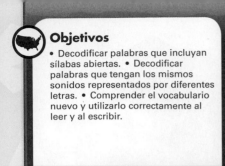

Objetivos

• Decodificar palabras que incluyan sílabas abiertas. • Decodificar palabras que tengan los mismos sonidos representados por diferentes letras. • Comprender el vocabulario nuevo y utilizarlo correctamente al leer y al escribir.

¡Imagínalo! | Sonidos y sílabas

jabón

j-   ja-

CALLE DE LA LECTURA EN LÍNEA
TARJETAS DE SONIDOS Y GRAFÍAS
www.CalledelaLectura.com

Fonética

🎯 Sílabas con *j*

Sonidos y sílabas que puedo combinar

j a rr o

j u g o

j u n t o

j a b a l í

j u s t o

Oraciones que puedo leer

1. Puse el jarro de jugo junto a la mesa.

2. ¡El jabalí está justo al lado de la casa!

Palabras que puedo leer

| caen |
| flores |
| luz |
| sol |
| estos |

Oraciones que puedo leer

1. En julio caen flores rojas.

2. La luz del sol jamás da en estos bosques.

Fonética

🎯 Sílabas con v

Sonidos y sílabas que puedo combinar

v a c a

v i v e

v a

v i s i t a

v a l i j a

Oraciones que puedo leer

1. La vaca vive en la finca.

2. Vicky va de visita, con su valija.

¡Ya puedo leer!

¿Se parecen el conejo y el jabalí? Estos animales viven en comunidades en el campo. Comen pasto, vegetales y flores bajo la luz del sol y en la noche. No se comen las flores que se caen, sólo las vivas. El jabalí es ancho y pesado, pero el conejo es pequeñito. ¿Puede un conejo invitar a un jabalí a su casita?

145

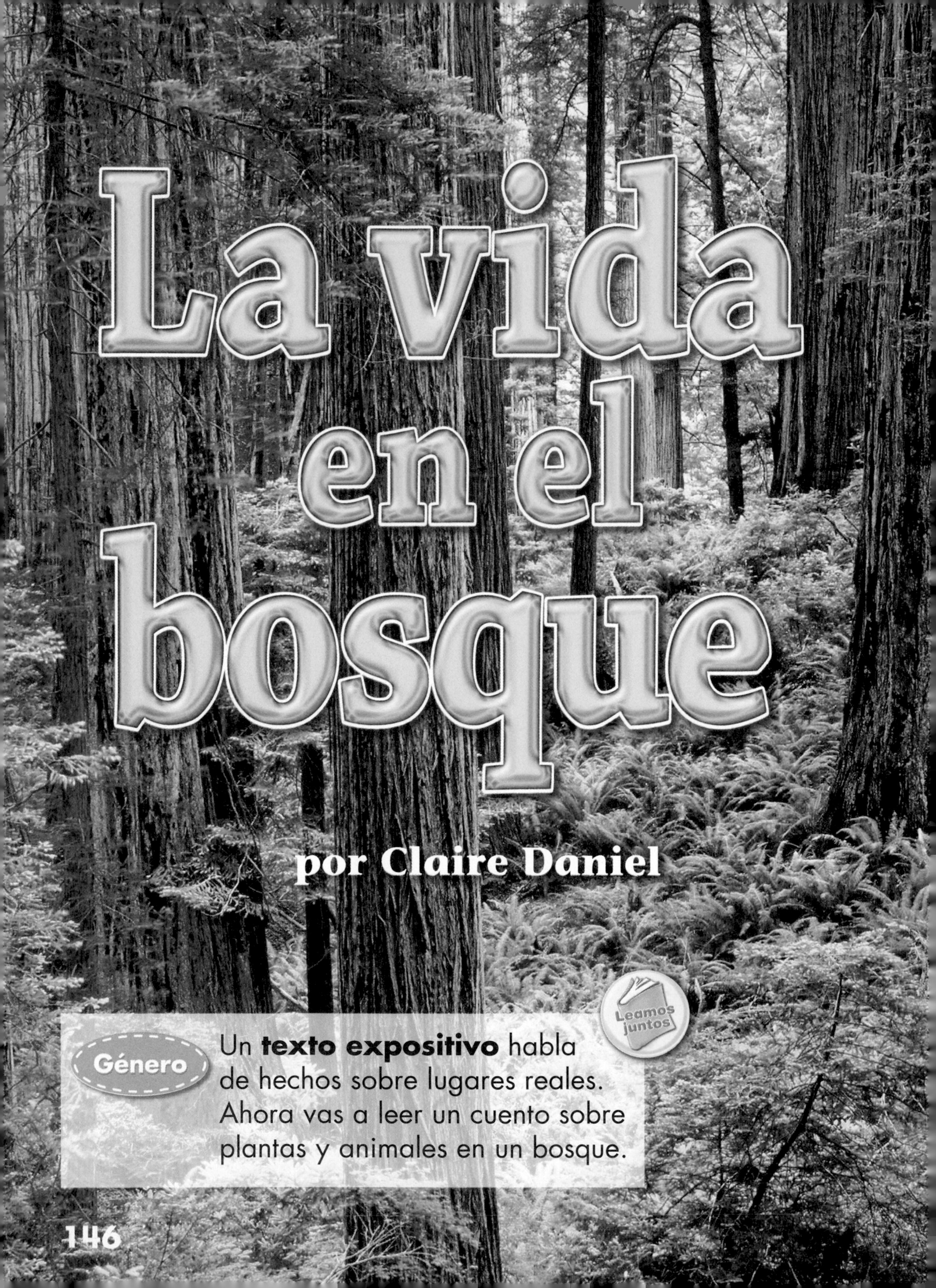

La vida en el bosque

por Claire Daniel

Leamos juntos

Género

Un **texto expositivo** habla de hechos sobre lugares reales. Ahora vas a leer un cuento sobre plantas y animales en un bosque.

¿Por qué se necesitan mutuamente las comunidades de plantas y animales?

En el bosque ves todo esto.
El bosque es un lugar lleno de vida.

La **luz** del **sol** ayuda
a las plantas a vivir.

Muchos insectos comen hojas verdes.
Son pequeños, ¡pero comen mucho!

Este pájaro carpintero busca
alimento en una rama.
¡Tac! ¡Tac! ¡Tac!

Por **estos** hoyos se sabe
que un pájaro carpintero
estuvo en este árbol.

El agua dañó este pedazo de madera.
En la madera viven insectos pequeños.

Este joven pájaro pica la madera.
Aquí hay ricos insectos para comer.

Las ardillas comen semillas que
caen de los árboles.

Los zorros son muy bonitos, pero atacan a los animales pequeños.

Este oso come hojas y pasto.
También le gustan los gusanos.
Busca gusanos jugosos debajo
de rocas y pedazos de madera.

Este oso busca gusanos debajo de las rocas.

*Este colibrí saca alimento de las **flores** con su pico.*

Algunas flores tienen forma de tubo. Los colibríes pequeños sacan alimento y agua de estas flores.

Los colibríes también comen
arañas y otros insectos pequeños.

En un bosque viven muchos animales
y plantas.
¡Un bosque es un lugar lleno de vida!

¡Imagínalo! | Volver a contar

CALLE DE LA LECTURA EN LÍNEA
ORDENACUENTOS
www.CalledelaLectura.com

160

Piensa críticamente

1. ¿En qué se diferencian los dinosaurios de *El gran círculo* de los animales que se mencionan en *La vida en el bosque*? **De texto a texto**

2. ¿Por qué la autora usa leyendas junto a algunas fotos? **Pensar como un autor**

3. ¿Por qué crees que la autora escribió *La vida en el bosque*? **Propósito del autor**

4. ¿Qué sabías ya sobre los árboles? ¿Cómo te ayudó esto a entender la selección? **Conocimientos previos**

5. Mira de nuevo y escribe Vuelve a mirar las páginas 158 y 159. Escribe acerca de un animal que vive en el bosque. Usa detalles del texto.

PRÁCTICA PARA EL EXAMEN | **Respuesta desarrollada**

Claire Daniel

Claire Daniel conoció los bosques durante una excursión de tres meses con su esposo. "Eso fue una experiencia increíble: estar en el bosque, ¡y vivir ahí!"

Una vez un oso se acercó a su campamento. "Lo oímos venir, así que corrimos a un refugio. ¡Fue una experiencia aterradora!"

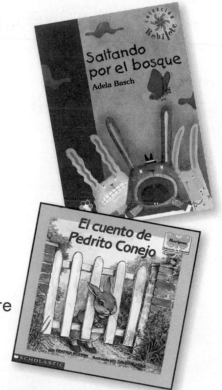

Busca más cuentos sobre las comunidades.

 Usa el Registro de lecturas del *Cuaderno de lectores y escritores*, para anotar tus lecturas independientes.

Leamos juntos

¡Escribamos!

Aspectos principales de una descripción

- Habla de personas o cosas reales.
- Usa palabras descriptivas.
- Puede decir cómo se ven las cosas.

CALLE DE LA LECTURA EN LÍNEA
GramatiRitmos
www.CalledelaLectura.com

Descripción

Una **descripción** habla de cosas reales. Dice cómo se ven o cómo suenan las cosas. El modelo del estudiante de la página siguiente es un ejemplo de descripción.

Instrucciones Piensa en cómo se ayudan las plantas y los animales. Ahora escribe una descripción de cómo un animal usa las plantas para sobrevivir.

Lista del escritor

Recuerda que debes...

- ✓ escribir sobre animales y plantas reales.
- ✓ usar palabras que describan cómo se ven las cosas.
- ✓ añadir -s y -es a los sustantivos al hablar de más de una cosa.

Las ardillas y los árboles

Las **ardillas** tienen casas en los **árboles**.

Las ardillas comen los **piñones** que hay en los árboles.

Las ardillas son lindas y rápidas.

Estos **sustantivos** que terminan en –s o –es hablan de más de una cosa.

Característica de la escritura: Voz
El escritor muestra sus sentimientos cuando dice que las ardillas son lindas.

Género: Descripción
Esta descripción habla de ardillas reales.

Normas

● **Sustantivos singulares y plurales**

Recuerda Se añade –s o –es al final de los sustantivos para indicar más de una cosa. Di los sustantivos plurales.

abeja + s = abejas   **sol + es = soles**

Ciencias en Lectura

Género
Artículo de revista

- Un artículo de revista es un texto expositivo que habla de un tema.

- El artículo incluye hechos sobre el tema.

- El artículo puede tener imágenes. Ellas nos ayudan a entender el tema.

- El artículo también puede tener un Contenido. Junto con los títulos y los números de página, el Contenido nos ayuda a encontrar información en el artículo.

- Lee *Un bosque en el agua*. Al leer, busca elementos de un artículo de revista.

Un bosque en el agua

por *Terry Lynk*
ilustrado por *Russell Farrell*

Contenido

Leamos juntos

Animales

Aquí viven muchos animales.

Algunos viven en el agua.

Algunos viven fuera del agua.

Están por todo el bosque.

Peces

¿Alguna vez has visto a un pez nadar bajo un árbol? En este bosque puedes encontrar peces. Estos árboles crecen en agua salada. Los peces nadan bajo los árboles.

Pensemos...

Busca el Contenido. ¿Cómo lo puedes usar para encontrar información en este artículo? **Artículo de revista**

Pensemos...

¿Cómo puedes usar el título "Peces" del Contenido para encontrar información? **Artículo de revista**

Comida

Los peces encuentran comida en el agua.

Las aves comen peces e insectos.

Pensemos...

¿Cómo te ayuda esta foto a entender el artículo?
Artículo de revista

Salva los bosques

Algunos bosques como éste se están perdiendo. Debemos salvarlos.

Pensemos...

Relacionar lecturas ¿En qué se parecen los bosques de *La vida en el bosque* y de *Un bosque bajo el agua*? ¿En qué se diferencian?

Escribir variedad de textos Escribe oraciones sobre cada bosque.

167

¡Aprendamos!

CALLE DE LA LECTURA EN LÍNEA
ACTIVIDADES DE VOCABULARIO
www.CalledelaLectura.com

Escuchar y hablar

Usa las normas del lenguaje al comentar información.

Comenta información e ideas Cuando comentamos información e ideas, hablamos claro. Cuando los demás comentan información e ideas, escuchamos con atención.

¡Practícalo! Pregunta cómo se ayudan las comunidades de plantas y animales. Comenta tus ideas. Expresa concordancia entre los sustantivos y los artículos. Por ejemplo, si el artículo está en plural, el sustantivo debe estar en plural.

168

Vocabulario

Si una palabra tiene más de un significado, las **claves del contexto** te ayudan a saber el significado correcto. La palabra *para* significa "detente" y también dice a quién se le envía algo. También puedes buscar en un diccionario para clarificar su significado.

¡Practícalo! Lee estas oraciones.
¿Qué significa la palabra *para*?
El autobús **para** al lado de mi casa.
Estos vasos son **para** Javi.

Fluidez

Fraseo apropiado Cuando ves un punto, estás al final de la oración. Para en el punto para mostrar que la oración terminó.

¡Practícalo!

1. Las flores no viven sin luz del sol.

2. Estos tejones no se caen del tejado.

Objetivos

• Escuchar atentamente a los hablantes y hacer preguntas para comprender mejor el tema. • Comentar información e ideas sobre un tema. Hablar a un ritmo normal.

Vocabulario oral

Hablemos sobre

Comunidades de la naturaleza

Leamos juntos

- Recuerda lo que las personas hacen juntas dentro de una comunidad.

- Comenta la información sobre los insectos y su comportamiento.

- Participa en una conversación sobre las cosas en que se parecen una comunidad de insectos y una comunidad de personas.

CALLE DE LA LECTURA EN LÍNEA
VIDEO DE HABLAR DEL CONCEPTO
www.CalledelaLectura.com

Conciencia fonológica

Escuchemos

Leamos juntos

Sílabas

● Busca la gelatina. Di: "gelatina". ¿Qué sílaba escuchas al comienzo? Busca dos cosas que empiecen con la misma sílaba.

● Busca algo que empiece con /gi/. Da una palmada por cada sílaba que escuches en esa palabra.

● Busca tres cosas que tengan el sonido /r/ al final de la sílaba, como *árbol*. Di en voz alta las sílabas de cada palabra.

● Busca algo verde en la ilustración. Quita la sílaba /de/ al final de la palabra *verde*. ¿Qué palabra se forma? Di la palabra.

CALLE DE LA LECTURA EN LÍNEA
TARJETAS DE SONIDOS Y GRAFÍAS
www.CalledelaLectura.com

Objetivos

• Emparejar sonidos con letras individuales, incluyendo consonantes suaves. • Decodificar palabras que tengan los mismos sonidos representados por diferentes letras. • Comprender el vocabulario nuevo y utilizarlo correctamente al leer y al escribir. • Decodificar palabras que incluyan sílabas abiertas. • Familiarizarse con palabras que tienen el mismo sonido representado.

¡Imagínalo! | Sonidos y sílabas

girasol

g-   gi-

CALLE DE LA LECTURA EN LÍNEA
TARJETAS DE SONIDOS Y GRAFÍAS
www.CalledelaLectura.com

Fonética

🎯 Sílabas *ge, gi*

Sonidos y sílabas que puedo combinar

g e m e l o

g e n t e

g e l a t i n a

g i g a n t e

g i r a

Oraciones que puedo leer

1. Ese gemelo es buena gente.

2. Sueño que una gelatina gigante gira en mi mesa.

Palabras que puedo leer

| así |
| usan |
| mejor |
| va |
| hora |

Oraciones que puedo leer

1. Así es, las abejas usan mejor su tiempo.

2. Genaro, mejor se va a otra hora.

Objetivos

• Decodificar sílabas. • Emparejar sonidos con sílabas, incluyendo consonantes suaves. • Decodificar palabras por separado, incluyendo sílabas cerradas. • Comprender el vocabulario nuevo y utilizarlo correctamente al leer y al escribir.

¡Imagínalo! Sonidos y sílabas

mar

-r   mar

CALLE DE LA LECTURA EN LÍNEA
TARJETAS DE SONIDOS Y GRAFÍAS
www.CalledelaLectura.com

Fonética

🔊 Sílabas cerradas con *r*

Sonidos y sílabas que puedo combinar

p o n e r

l u g a r

m u j e r

a r p a

j a r d í n

Oraciones que puedo leer

1. Carlos va a poner las cajas en su lugar.

2. La mujer toca el arpa en el jardín.

¡Ya puedo leer!

Todos los días veo dos abejas en mi jardín. Son tan pequeñas que las flores se ven gigantes a su lado. Les gusta volar a toda hora. Así buscan néctar y lo usan como alimento. Una escoge las flores con el mejor perfume y la otra va y saca el néctar. Después van a dormir a su colmena.

Has aprendido

- Sílabas *ge*, *gi*
- Sílabas cerradas con *r*

Palabras de uso frecuente

hora   así   usan
mejor   va

Las abejas

por Jesús Cervantes
ilustrado por Tom Leonard

Un **texto expositivo** habla de hechos sobre personas, lugares, animales y cosas reales. Este artículo habla de las abejas.

Leamos juntos

Pregunta de la semana

¿En qué se parece una comunidad de insectos a una comunidad de personas?

Es de día. Sale el sol. Es hora
de despertar.

Las abejas salen volando
de la colmena.

En la colmena, las abejas viven como
una familia. En la familia hay una
abeja reina, muchas abejas obreras
y algunos zánganos.

Ésta es la abeja reina.
Las otras abejas de
la colmena están
a sus órdenes.

Éstos son los zánganos.
Ellos ayudan a la reina.

La colmena está dentro de un árbol.
Es mejor no molestar a las abejas.

Así sea un oso gigantesco, las abejas pueden atacar.

Las abejas obreras forman celdas de cera en la colmena.

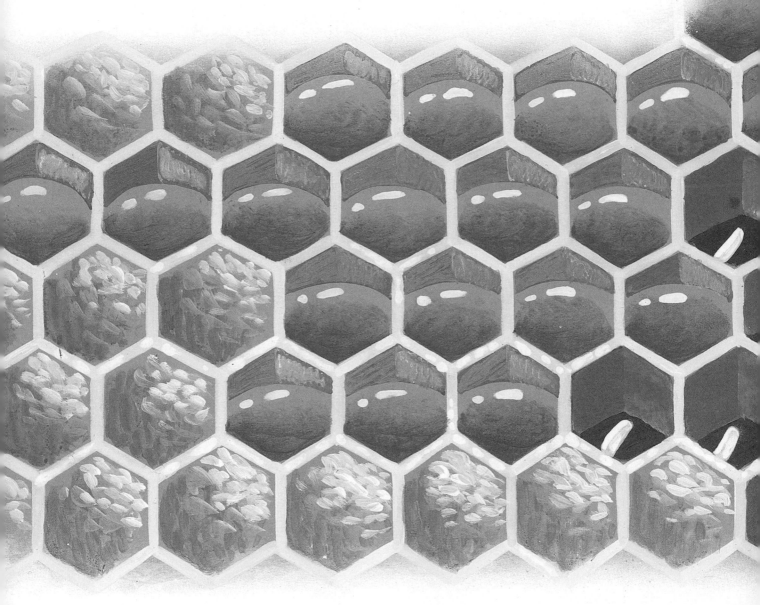

Las abejas ponen miel en unas celdas.
En otras celdas viven las abejas pequeñas.

Las abejas comen miel.
Las obreras llevan miel
a otras abejas de la
colmena. Las abejas usan
néctar para hacer miel.

Las abejas escogen flores con néctar dulce.
Las abejas recogen el néctar de las flores.
Después llevan el néctar dulce a
la colmena.

Las abejas obreras
también sacan polen
de las flores.

189

Las abejas obreras alimentan con polen
a la abeja reina y a las abejas pequeñas.
Así las abejas pequeñas crecen.

Cuando las abejas crecen,
salen a buscar un lugar para
hacer su colmena.

Las abejas obreras hacen la colmena.
Con ellas va una abeja reina.

Por la noche, las abejas
se van a su colmena a dormir
y a descansar. Las abejas salen
cuando llega el día.

¡Imagínalo! | Volver a contar

CALLE DE LA LECTURA EN LÍNEA
ORDENACUENTOS
www.CalledelaLectura.com

Piensa críticamente

1. Las abejas obreras realizan un trabajo importante. ¿Qué trabajo importante realizas tú en casa o en la escuela? El texto y tú

2. ¿Qué quiere el autor que aprendas en *Las abejas*? Propósito del autor

3. ¿En qué se parecen y en qué se diferencian las abejas obreras y las abejas reinas?

Comparar y contrastar

4. Vuelve a mirar las páginas 188 y 189. ¿Qué preguntas harías para averiguar cómo las personas obtienen miel para comer? Preguntar

5. Mira de nuevo y escribe Vuelve a mirar la página 183. ¿Cuál es la función de la abeja reina? Escribe sobre eso. Usa detalles del texto.

PRÁCTICA PARA EL EXAMEN | Respuesta desarrollada

Jesús Cervantes

Jesús Cervantes creció en una granja de limones y aguacates en el sur de California. Él dice: "La granja tenía muchas abejas. Las traían para polinizar los árboles. Yo no les tenía miedo a las abejas cuando era niño. Me encanta la miel cuando aún está en el panal."

Busca más cuentos sobre comunidades.

 Usa el Registro de lecturas del *Cuaderno de lectores y escritores*, para anotar tus lecturas independientes.

¡Escribamos!

Aspectos principales de un párrafo expositivo

● Enseña cosas reales y las explica.

● Puede decir con detalles cómo son las cosas.

CALLE DE LA LECTURA EN LÍNEA
GramatiRitmos
www.CalledelaLectura.com

Párrafo expositivo

Un **párrafo expositivo** explica cosas reales. El modelo del estudiante de la página siguiente es un ejemplo de un párrafo expositivo.

Instrucciones Piensa en los insectos que viven en comunidad. Ahora escribe un párrafo sobre esa comunidad de insectos.

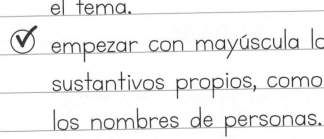

Lista del escritor

Recuerda que debes...

☑ explicar o describir una comunidad de insectos.

☑ escribir oraciones sobre el tema.

☑ empezar con mayúscula los sustantivos propios, como los nombres de personas.

Las abejas

En los campos del **Sr.** Pomar hay muchas abejas. Las abejas tienen distintos trabajos. Algunas buscan comida. Las demás ayudan a la reina.

Le abreviatura del **título especial** *Sr.* empieza con letra mayúscula y termina con punto.

Característica de la escritura: Enfoque Cada oración es sobre el tema principal.

Género: Párrafo expositivo El escritor explica cómo viven juntas las abejas.

Normas

● **Títulos especiales**

Recuerda Antes del nombre de una persona puede ir un **título**. Las abreviaturas de los títulos empiezan con letra mayúscula y terminan con punto.

● **Sr.** Bolaño   **Sra.** Valdés   **Dr.** Solano

197

Poesía

Género
Poesía

Leamos juntos

- Un poema está escrito en versos. Los versos forman grupos. Estos grupos se llaman estrofas.

- Los versos de un poema a veces riman. Esto quiere decir que las palabras al final de algunos versos tienen los mismos sonidos medios o finales.

- Un poema a veces tiene ritmo. Esto quiere decir que las palabras están ordenadas de manera regular.

- Mientras lees "En el fondo del mar", "Los pingüinos" y "Mira qué fiesta", piensa en la rima y el ritmo.

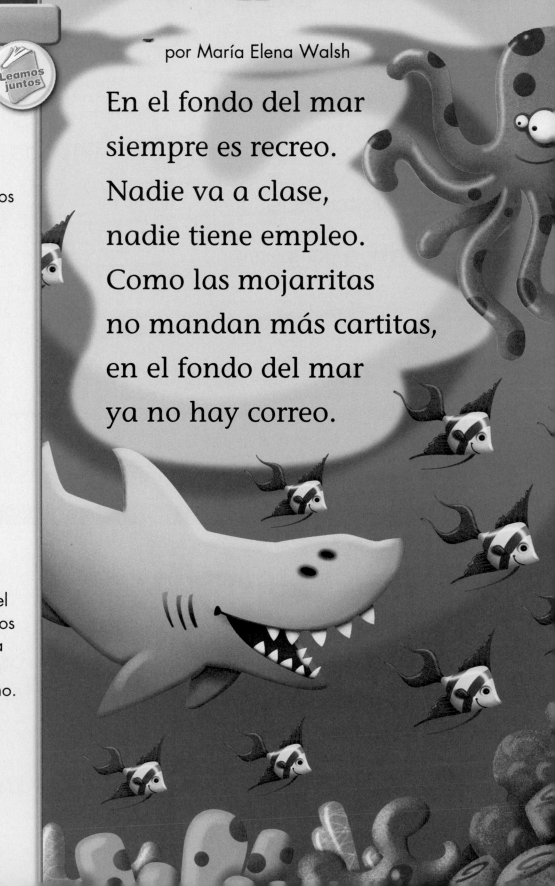

En el fondo del mar

por María Elena Walsh

En el fondo del mar
siempre es recreo.
Nadie va a clase,
nadie tiene empleo.
Como las mojarritas
no mandan más cartitas,
en el fondo del mar
ya no hay correo.

Los pingüinos

por Fernando del Paso

Con circunspección coqueta,
elegantes y muy finos,
van, vestidos de etiqueta,
los pingüinos.

Mira qué fiesta

por Fernando del Paso

¡Mira qué fiesta:
sobre las rocas
miles de focas
duermen la siesta!

Pensemos...

¿Cuáles son las **palabras que riman** de cada poema? ¿Tiene ritmo cada poema? ¿Cómo lo sabes?

Pensemos...

¿Cuántos versos hay en "Los pingüinos"? ¿Cuántas estrofas hay en "Mira qué fiesta"?

Pensemos...

Relacionar lecturas ¿En qué se parecen las abejas de *Las abejas* y los animales de estos poemas?

Escribir variedad de textos Escribe un poema corto sobre animales. Usa palabras que tengan rima y ritmo. Lee tu poema en voz alta.

199

Objetivos
• Leer y comprender textos al nivel del grado. • Identificar y poner palabras en grupos según su significado. • Dar y seguir instrucciones y volver a decir esas instrucciones con sus palabras. • Comentar información e ideas sobre un tema. Hablar a un ritmo normal.

Primero, párate firme. Después, levanta los brazos. Luego, agáchate y tócate los pies. Por último, ¡levántate!

¡Aprendamos!

CALLE DE LA LECTURA EN LÍNEA
ACTIVIDADES DE VOCABULARIO
www.CalledelaLectura.com

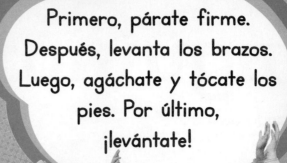

Escuchar y hablar

Pon atención cuando alguien esté dando instrucciones.

Seguir instrucciones Es importante escuchar con atención las instrucciones para seguirlas bien. Los que escuchan bien, recuerdan todos los pasos y los pueden decir otra vez.

¡Practícalo! Escucha a tu maestro dar instrucciones sobre cómo saltar en tijeras. Pon atención y di los pasos otra vez. Luego, sigue las instrucciones.

200

Vocabulario

Un **antónimo** es una palabra que quiere decir lo opuesto de otra.

lleno

Lleno es antónimo de *vacío.*

vacío

¡Practícalo! Lee estas palabras. Escribe y di el antónimo de cada una.

malo   **lento**   **arriba**   **día**

Fluidez

Precisión y ritmo Al leer, trata de no cometer errores. Lee las oraciones como si estuvieras hablando.

¡Practícalo!

1. Así van a jugar mejor los gemelos.

2. Es hora de comer gelatina.

3. Carla se va a bañar al mar.

Mi escuela

mapa

pizarrón

tiza

maestro

libros

computadora

borrador

regla

lápiz

tijeras

202

reloj

tablero de avisos

escuela

parque

bandera

estudiante

crayón

cafetería

mesa

salón de clases

silla

lonchera

Lugares donde vivimos

pueblo

casa pequeña

casa móvil

edificio de apartamentos

cabaña

casa flotante

casa

bloque de apartamentos

casa unifamiliar

Lugares donde viven los animales

guarida

establo

tronco

hueco de árbol

madriguera

hormiguero

nido

colmena

cueva

casa para el perro

océano

madriguera

Lugares de trabajo

restaurante

construcción

granja

banco

tienda

oficina

hospital

209

A qué jugamos

disfrazarse

patinar

karate

fútbol

natación

210

música

fútbol americano

básquetbol

arte

danza

211

Mi pueblo

escuela

tienda

School

chofer de autobús

correo

guardia de tráfico

cartera

recolector de basura

STOP

212

213

Max y Ruby: Un pescado para Max

bien
luego
puede
quiere
tarde
ver

El campesino

detrás
jugar
lugar
papel
ser
tú
voy

El vecindario de Quinito

decir
maestro
mis
soy
también

El gran círculo

allí
comer
dentro
gran
mueve

Las abejas

así
hora
mejor
usan
va

La vida en el bosque

caen
estos
flores
luz
sol

Aa Bb Cc

Ch ch Dd

Ee Ff Gg

Hh Ii Jj

Kk Ll Ll ll

Mm Nn Ññ

Oo Pp Qq

Rr Ss Tt

Uu Vv Ww

Xx Yy Zz

Reconocimientos

Text

Grateful acknowledgment is made to the following for copyrighted material:

Page 86: Reprinted with permission of the publisher, Children's Book Press, San Francisco, GA. www.childrensbookpress.org. *Quinito's Neighborhood/El Vecindario de Quinito.* Story © 2005 by Children's Book Press. Illustrations © 2005 by Jose Ramirez.

Page 198: "En el fondo del mar siempre es recreo" by Maria Elena Walsh. © Maria Elena Walsh. c/o Guillermo Schavelzon & Asoc., Agencia Literaria. info@schavelzon.com. Reprinted by permission.

Page 199: "¡Mira que fiesta: ..." and "Con circunspección coquera..." by Fernando del Paso from *Ripios y adivinanzas del mar,* by Fernando del Paso. © 2004 Fernando del Paso. D.R. © 2004, Fondo de Cultura Económica.

Note: Every effort has been made to locate the copyright owner of material reproduced on this component. Omissions brought to our attention will be corrected in subsequent editions.

The *Texas Essential Knowledge and Skills for Spanish Language Arts and Reading* reproduced by permission, Texas Education Agency, 1701 N. Congress Avenue, Austin, TX 78701.

Illustrations

Cover: Daniel Moreton
I2-I5 Mary Anne Lloyd
I8-I17 Chris Lensch
14 Julia Woolf
20-33 Jody Wheeler
46 Nomar Perez
52-64 Pat Cummings
80 Susan Reagan
100-101 Jose Ramirez
106 Jamie Smith
112-126 Richard Bernal
132-135 Chris Boyd
140 Jan Bryan Hunt
164-167 Russell Farrell
170 Amy Vangsgard
172 Nan Brooks
178-193 Tom Leonard
198 Peter Grosshauser
212 Stephen Lewis

Photographs

Every effort has been made to secure permission and provide appropriate credit for photographic material. The publisher deeply regrets any omission and pledges to correct errors called to its attention in subsequent editions.

Unless otherwise acknowledged, all photographs are the property of Pearson Education, Inc.

Photo locators denoted as follows: Top (T), Center (C), Bottom (B), Left (L), Right (R), Background (Bkgd)

10 ©Tom Stewart/Corbis
12 Masterfile Corporation
13 (CR) ©Ariel Skelley/Corbis, (CL) Sean Justice/Getty Images
42 Alistair Berg/Photonica/Getty Images
44 (Bkgd) ©LWA-Dann Tardif/Corbis, (BL) Gabe Palmer/Corbis, (BR) Tom & Dee Ann McCarthy/Corbis
45 Ariel Skelley/Corbis
71 Wagner Farm, Glenview Park District, Glenview, IL.
72 (B) Wagner Farm, Glenview Park District, Glenview, IL.
74 (CL) G K & Vikki Hart/Getty Images
75 (B) Melanie Acevedo/FoodPix/Jupiter Images
78 ©Jeremy Woodhouse/Getty Images, (B) ©Patrick Ward/Corbis, (Bkgd) Getty Images
79 (BR) ©Michael Newman/PhotoEdit
86 Children's Book Press
104 ©Ted Horowitz/Corbis
105 (T) ©Paul Souders/Getty Images, (B) ©Stephen Frink/Corbis
136 Tom Bean/Corbis
137 (L) Digital Vision, (R) Mark Downey/Getty Images
138 (T) ©Royalty-Free/Corbis, (B) ©Thomas & Pat Leeson/Photo Researchers, Inc.
146 Bill Ross/Corbis
147 (CL, BR) ©Royalty-Free/Corbis, (TR) Photowood Inc./Corbis, (TL) Steve Kaufman/Corbis
148 (C) Photowood Inc./Corbis, (B) Tom Uhlman/Visuals Unlimited
149 Steve Kaufman/Corbis
150 Naturfoto Honal/Corbis
151 (TR) Fritz Polking/Visuals Unlimited
152 Jamie Harron; Papilio/Corbis
154 Stephen Dalton/Photo Researchers, Inc.
155 (TR) Gerard Fuehrer/Visuals Unlimited, (B) Getty Images
156 Jim Clare/Nature Picture Library
157 Frederick D. Atwood
158 (CL) ©Gary W. Carter/Corbis, (BR) ©Royalty-Free/Corbis, (TL) Bill Dyer/Photo Researchers, Inc., (Bkgd) Bill Ross/Corbis, (TR) Melissa Farlow/Aurora & Quanta Productions
159 (T) Stephen Krasemann/Getty Images, (B) Tim Thompson/Corbis
167 Theo Allofs/Danita Delimont, Agent
168 Vernon Leach/Alamy
170 ©Premaphotos/Nature Picture Library
171 (T) ©Karen Moskowitz/Getty Images, (B) Tim Laman/NGS Image Collection